Mein Hörtagebuch

AF218972

Zu den Hörbüchern

„Das Schulgeheimnis"

„Das Bibliotheksgeheimnis"

„Das Tiergeheimnis"

Geschrieben von Martin Widmark

Gelesen von Jens Wawrczeck

Erschienen im Hörbuchverlag Hörcompany

Nach der Buchvorlage „Das Schulgeheimnis" von Martin Widmark, in der deutschen Übersetzung erschienen 2013 im Ueberreuter Verlag, Berlin

Nach der Buchvorlage „Das Bibliotheksgeheimnis" von Martin Widmark, in der deutschen Übersetzung erschienen 2015 im Ueberreuter Verlag, Berlin

Nach der Buchvorlage „Das Tiergeheimnis" von Martin Widmark, in der deutschen Übersetzung erschienen 2015 im Ueberreuter Verlag, Berlin

Susanne Weinzierl

Für Karin

Meiner langjährigsten Freundin

In inniger Treue und großer Verbundenheit

Susanne Weinzierl

MEIN HÖRTAGEBUCH

Auf Spurensuche mit LasseMaja

Spannende Aufgaben zum selbstständigen Lösen

mit Selbstkontrolle

Impressum

Bibliografische Information der Deutschen Nationalbibliothek:
Die Deutsche Nationalbibliothek verzeichnet diese Publikation in der Deutschen Nationalbibliografie; detaillierte bibliografische Daten sind im Internet über http://dnb.dnb.de abrufbar.

© 2021 Susanne Weinzierl

Herstellung und Verlag: BoD – Books on Demand, Norderstedt

ISBN: 978-3754360026

Ich möchte mich kurz vorstellen

Mein Name ist Susanne Weinzierl und ich wohne seit 2017 mit meinem Mann in der Oberpfalz nahe bei Regensburg. Gebürtig bin ich in Nürnberg und dort habe ich auch viele Jahre gelebt.

Ich studierte an der Universität Bayreuth Grundschullehramt und übte diesen Beruf immer gerne aus. Seit 2006 arbeitete ich in der Schulleitung mit und war sowohl in Nürnberg als auch in Fürth als Schulleiterin tätig. Von 2017 bis 2020 leitete ich die Grundschule Irlbach, Gemeinde Wenzenbach im Landkreis Regensburg.

Ich habe schon immer gerne Hörbücher gehört und ich bin auf der Frankfurter Buchmesse auf diese Reihe gestoßen!

Meine Schülerinnen und Schüler lauschten diesen Hörbüchern mit großem Interesse und waren sehr begeistert!

Viel Spaß beim Zuhören und Gestalten dieses Tagebuches!

So kannst du gut zuhören!

Es ist gar nicht einfach, konzentriert über einen längeren Zeitraum einem Hörbuch zu folgen. Deshalb einige Tipps, die dir dies erleichtern können:

- Bevor du mit dem Zuhören beginnst, mache es dir bequem.

- Achte darauf, dass die Umgebung ruhig ist.

- Lege dir einen Stift und ein Blatt Papier bereit.

- <u>Beim ersten Hören</u> solltest du nicht auf die Einzelheiten achten, sondern den Zusammenhang des Gesprochenen verstehen.

- Auch wenn dein Hörbuch länger ist, kannst du es dir vollständig anhören.

- Mache dir Notizen zu wichtigen Stellen im Hörbuch.

- Schreibe die für dich unbekannten Wörter auf und suche anschließend im Internet oder in einem Lexikon nach deren Bedeutung.

- <u>Vor dem zweiten Hören</u> solltest du dir die Aufgaben durchlesen.

- Dann starte nochmals mit dem Hören und konzentriere dich auf die Fragen!

Das Schulgeheimnis

Von Martin Widmark,
gelesen von Jens Wawrczeck,
erschienen 2011 bei Hörcompany,
Dauer ca. 40 Minuten

Male ein Bild zum Titel des Hörbuches!

7

Setze richtig ein!

So beginnt jedes Hörbuch dieser Reihe!

Die Geschichten spielen in einer kleinen Stadt in Schweden namens _____, in der fast jeder jeden kennt und wo mitten im Ort die _____ steht. Die Hauptpersonen _____ und _____ gehen in die gleiche Klasse und betreiben gemeinsam ein

_____

Valleby, Kirche, Lasse, Maja, Detektivbüro.

8

Kapitel 1
Da kann man ja gleich den lieben Gott beklauen

Blüte ist ein Wort,
das zwei Bedeutungen hat:
Falschgeld
oder
Teil der Pflanze

Schreibe auf, weshalb Lasse und Maja einen neuen Fall zu lösen haben!

Es tauchen falsche Hundertkronenscheine auf!

Worin unterscheiden sich Blüten und Echtgeld?

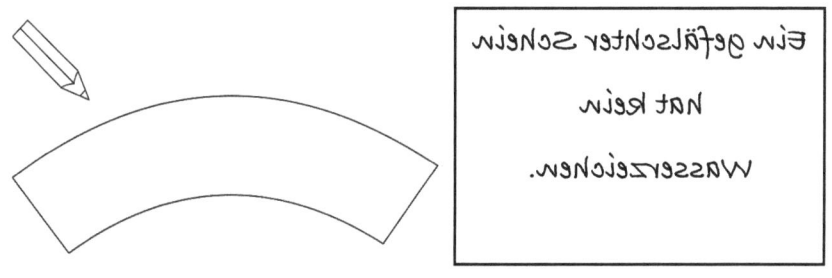

Ein gefälschter Schein hat kein Wasserzeichen.

9

Welche drei Personen wurden beklaut?

Zorbam, Sara und der Pastor.

Platz für ein Detektivbüro

10

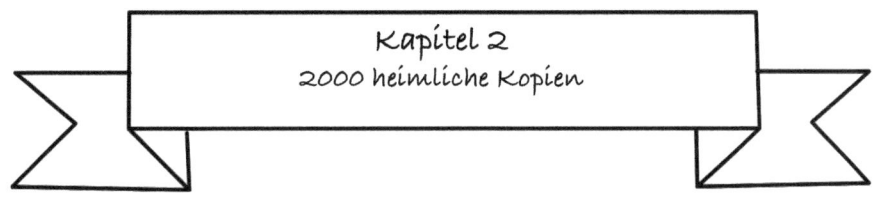

Kapitel 2
2000 heimliche Kopien

Lasse und Maja kommen zu spät zum Unterricht. Nach kurzer Zeit klopft es an der Tür. Der Schulrektor und der Polizeiinspektor betreten das Klassenzimmer. Alle Kinder aus Valleby bekommen vom Polizeiinspektor eine Aufgabe!

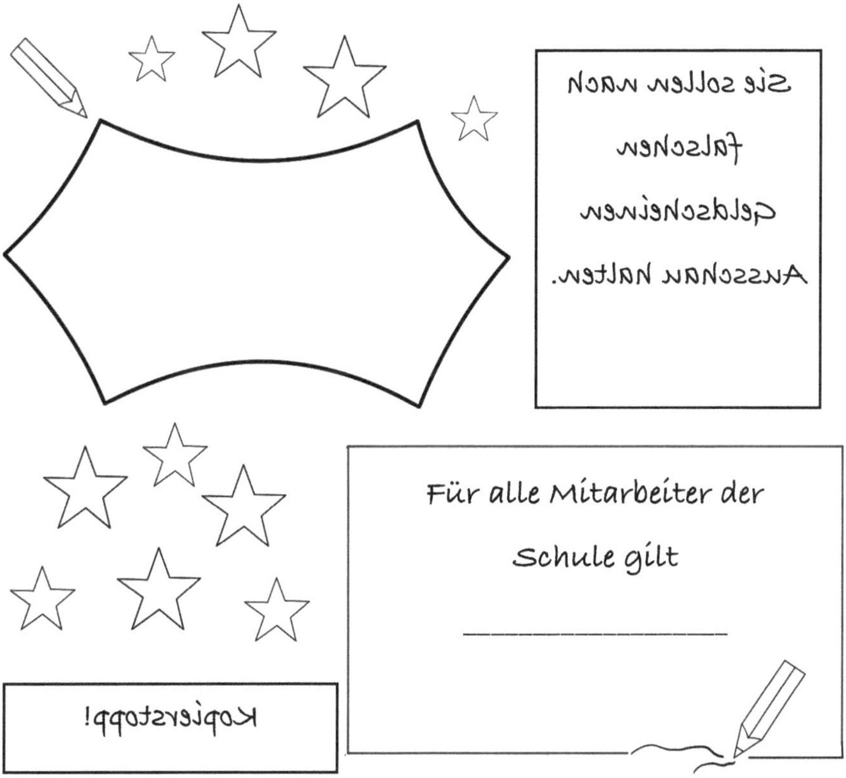

Sie sollen nach falschen Geldscheinen Ausschau halten.

Für alle Mitarbeiter der Schule gilt

_____

Kopierstopp!

11

Kapitel 3
Ferienhäuser und Sportwagen

Ordne richtig zu!

Rektor Ahlberg   Weltreise

Gun   hilft bei Schmerzen

Klas   geschieden, Sportwagen

Mary   baut Sommerhaus

Risto   Geldsorgen wegen Rente

12

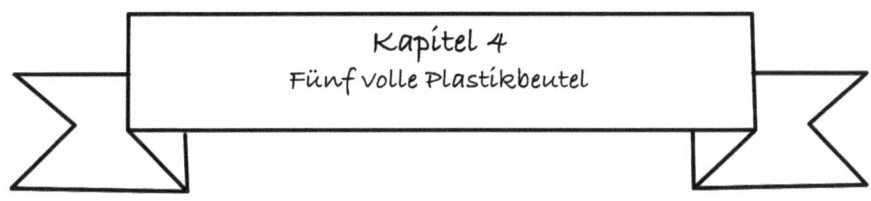

Kapitel 4
Fünf volle Plastikbeutel

Du weißt jetzt, was Lasse und Maja für die Sicherung der Fingerabdrücke des Schulpersonals brauchen! Schreibe es auf!

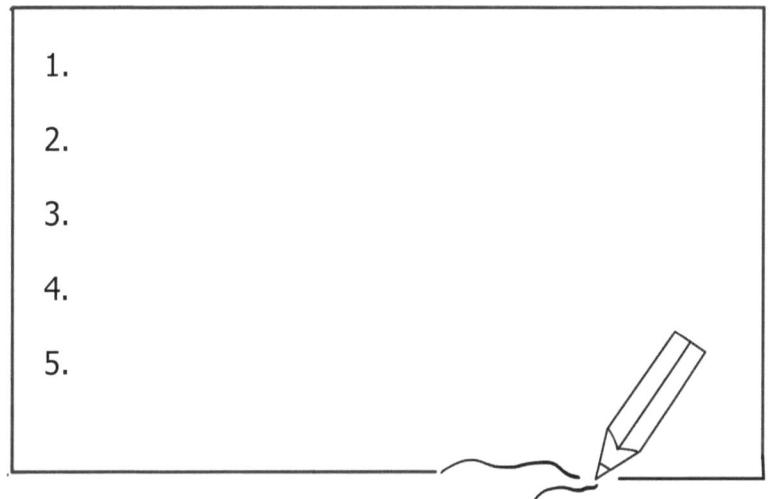

1.

2.

3.

4.

5.

Einen Pinsel, Kohlepulver, Eine Digitalkamera, Ein Vergrößerungsglas, Fünf Plastikbeutel

13

???	???	???
Ordne	richtig	zu!

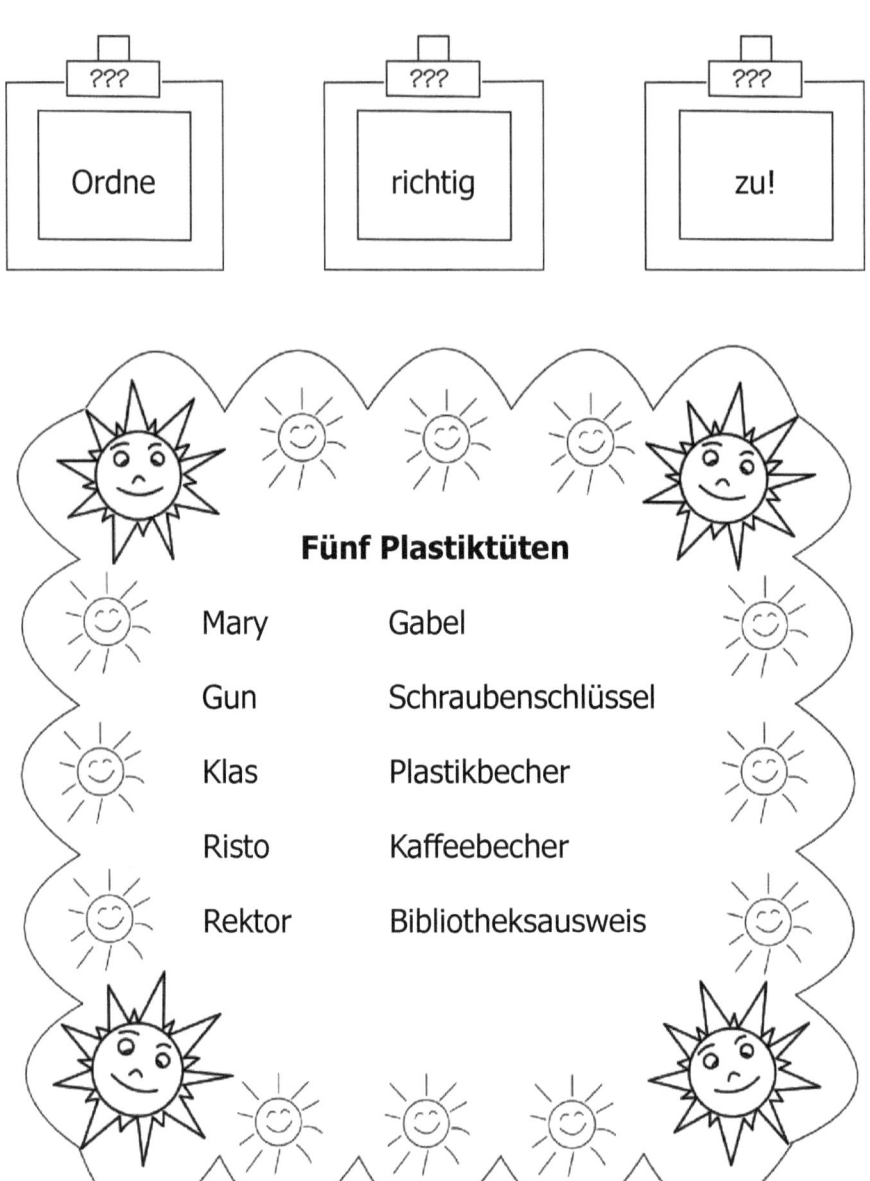

Fünf Plastiktüten

Mary	Gabel
Gun	Schraubenschlüssel
Klas	Plastikbecher
Risto	Kaffeebecher
Rektor	Bibliotheksausweis

Kapitel 5
Kalte Füße und ein seltsames Pochen

Fülle die Lücken!

Lasse bepinselt die fünf Gegenstände mit

_____. Es sind deutliche

_____ zu erkennen. Kein Abdruck

gleicht dem _____. Nicht einmal bei

_____. Maja hält das

_____ vor die jeweiligen

Fingerabdrücke und Lasse macht _____ davon.

Kohlepulver, Fingerabdrücke, anderen, eimzelgen

Zwillingen, Vergrößerungsglas, Fotos

Kapitel 6
Ich wusste gar nicht, dass er Larsson heißt

Lasse und Maja müssen sich einen neuen Plan überlegen!

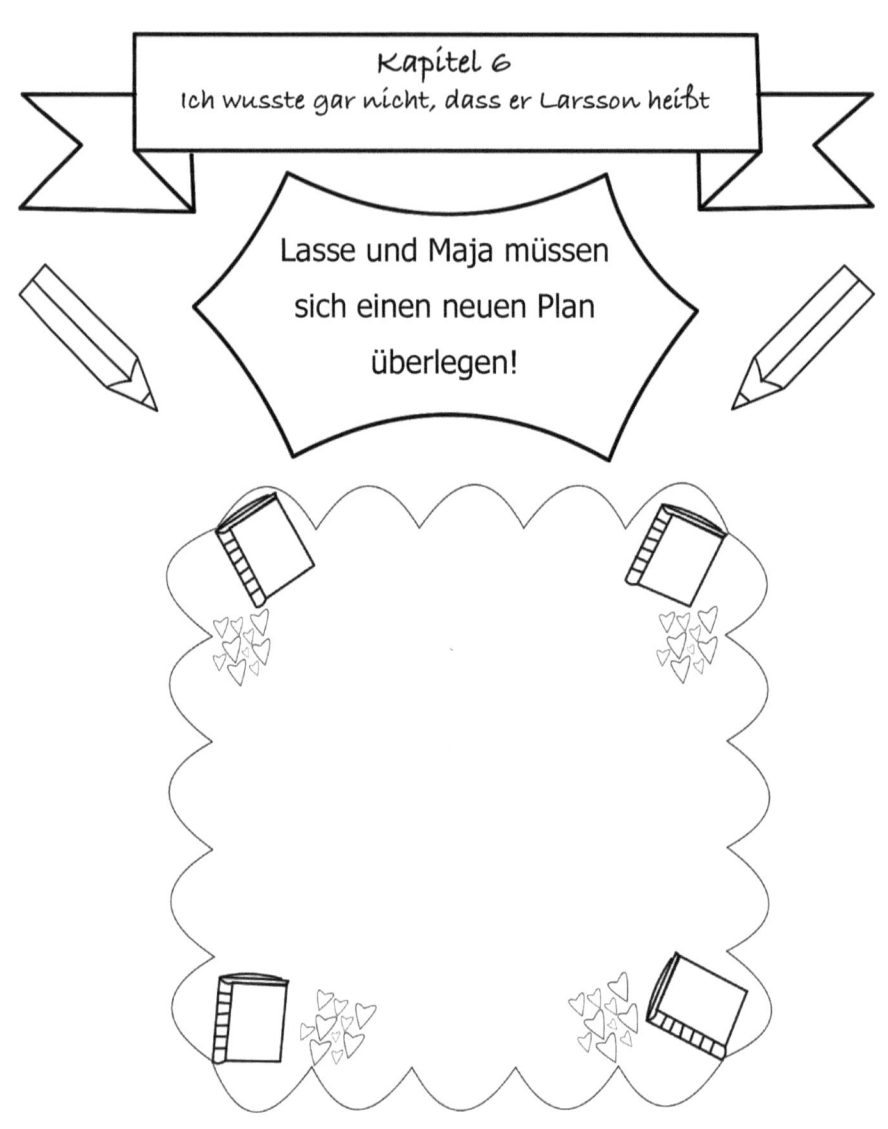

Sie müssen dem Fälscher vorgaukeln, dass er oder sie als einziger Fingerabdrücke hinterlassen hat.

16

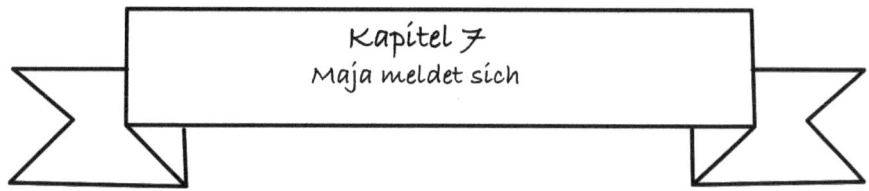

Kapitel 7
Maja meldet sich

Der Polizeiinspektor besucht wegen einer _____

erneut die Schule.

Lasse und Maja nehmen nicht daran teil, da sie sich

gemeinsam mit dem Inspektor hinter dem _____

verstecken.

Denn das Schulpersonal denkt, dass sich _____

_____

Fingerabdrücke befinden.

Brandübung, Kopierer, auf der Glasscheibe des Kopierers

Hast du schon einen Verdacht, wer es sein könnte?

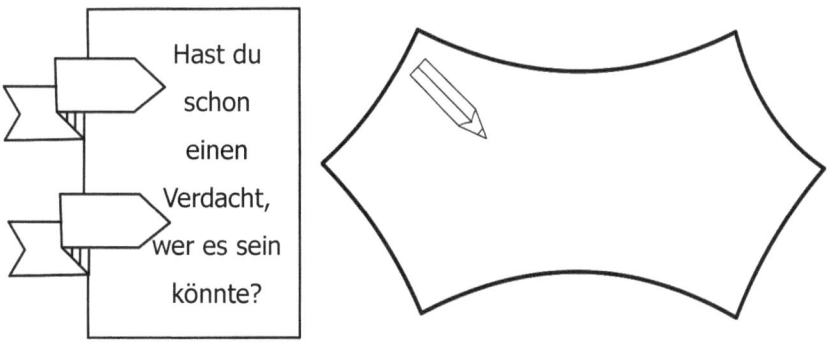

17

Kapitel 8
Mehrere Geheimnisse werden gelüftet

Schreibe die Geheimnisse auf!

1.

2.

NEWS

Aus dem Valleby-Blatt!

Ein heimlicher Tabakkauer!

Ein heimliches Liebespaar!

Nun wissen die Einwohner aus Valleby, wer der Geldfälscher ist! Schreibe ihn auf!

Sonnyrektor Ahlberg

18

Das Bibliotheksgeheimnis

Von Martin Widmark,
gelesen von Jens Wawrczeck,
erschienen 2013 bei Hörcompany,
Dauer ca. 45 Minuten

Male ein Bild zum Titel des Hörbuches!

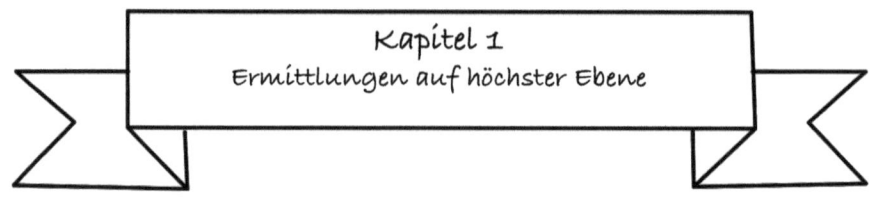

Kapitel 1
Ermittlungen auf höchster Ebene

Lasse und Maja stehen in der dritten Etage über dem Juwelierladen und beobachten mit einem Fernglas die Bibliothek. Aber seit drei Tagen ist alles wie gehabt!

Der Pfarrer verschwindet in der Kirche!

Der Handwerker kauft sich ein Eis am Kiosk!

Eine alte Dame spaziert am Rio-Kino vorbei!

20

Die Bibliothekarin reißt die Arme hoch und schreit:

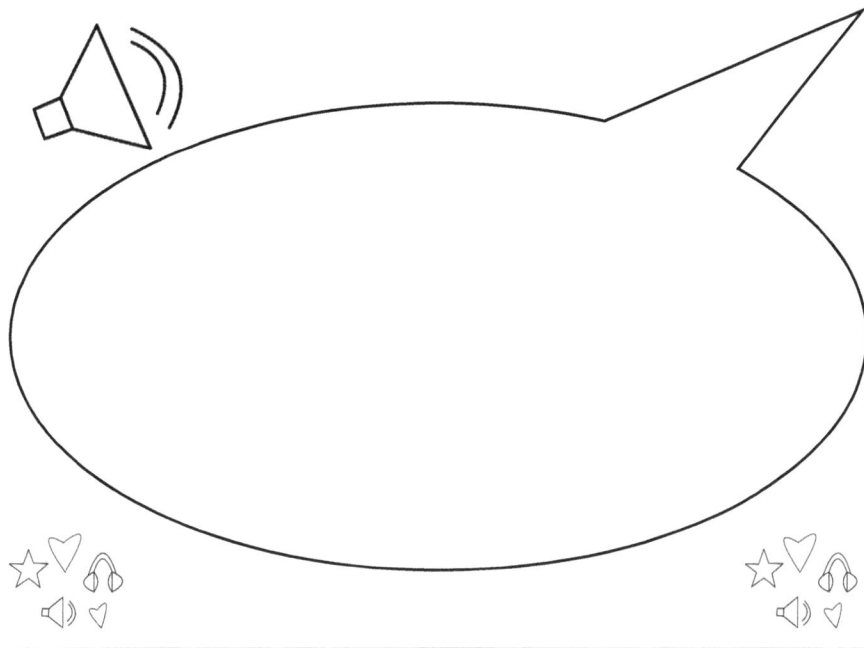

„Hilfe! Noch ein Buch ist verschwunden!"

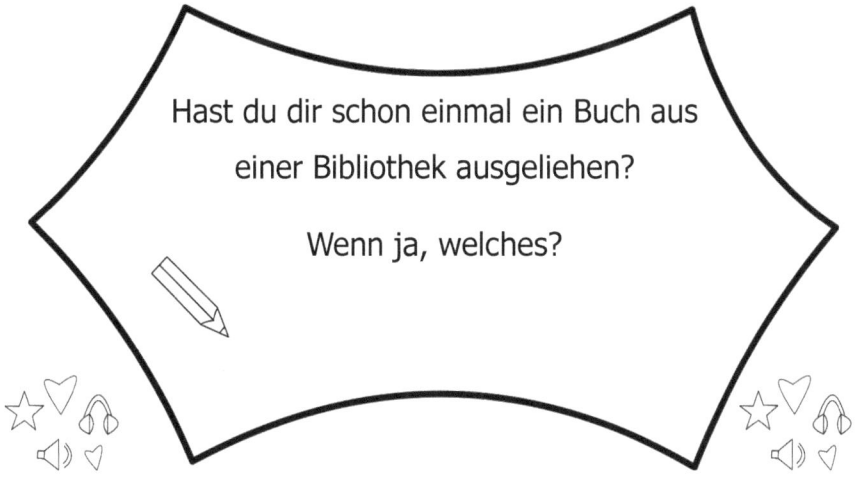

Hast du dir schon einmal ein Buch aus
einer Bibliothek ausgeliehen?

Wenn ja, welches?

21

Kapitel 2
Alle Schmetterlinge dieser Welt

Du weißt jetzt, was gestohlen wurde!

Schreibe es auf!

Das Buch „Alle Schmetterlinge dieser Welt", gedruckt 1806 mit handgemalten Bildern und das Buch „Singende Finken."!

22

Kapitel 3
Alarmsäulen und Ellenbogen

Der Inspektor unternimmt vier Versuche, die Alarmanlage zu überlisten!

1.

2.

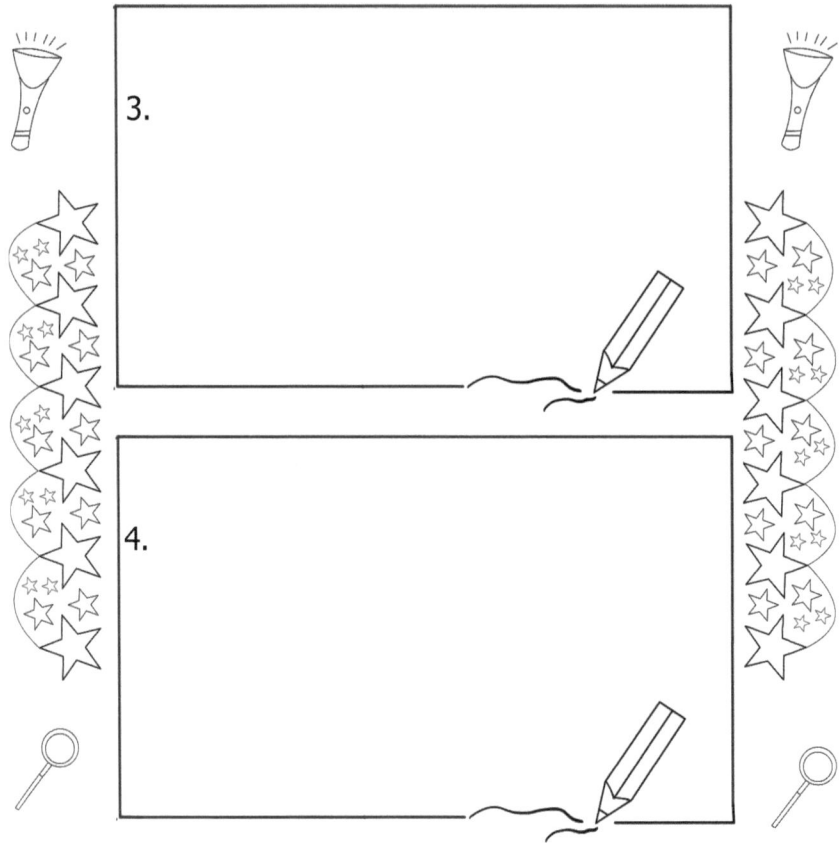

3.

4.

1. Der Inspektor hält das Buch noch über seinem Kopf!

2. Er schiebt das Buch unter die Fußmatte zwischen den Alarmsäulen!

3. Er steckt das Buch in die Handtasche der Bibliothekarin!

4. Er wirft das Buch noch in die Luft und stürmt durch die Säulen!

Kapitel 4
Drei Verdächtige

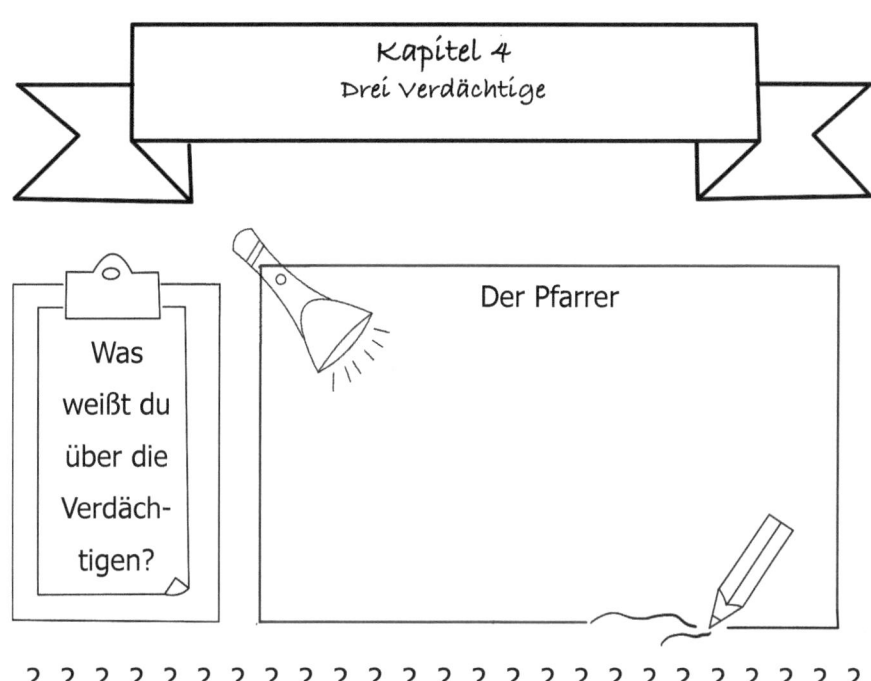

Was weißt du über die Verdächtigen?

Der Pfarrer

? ?

Welmer Frisk

25

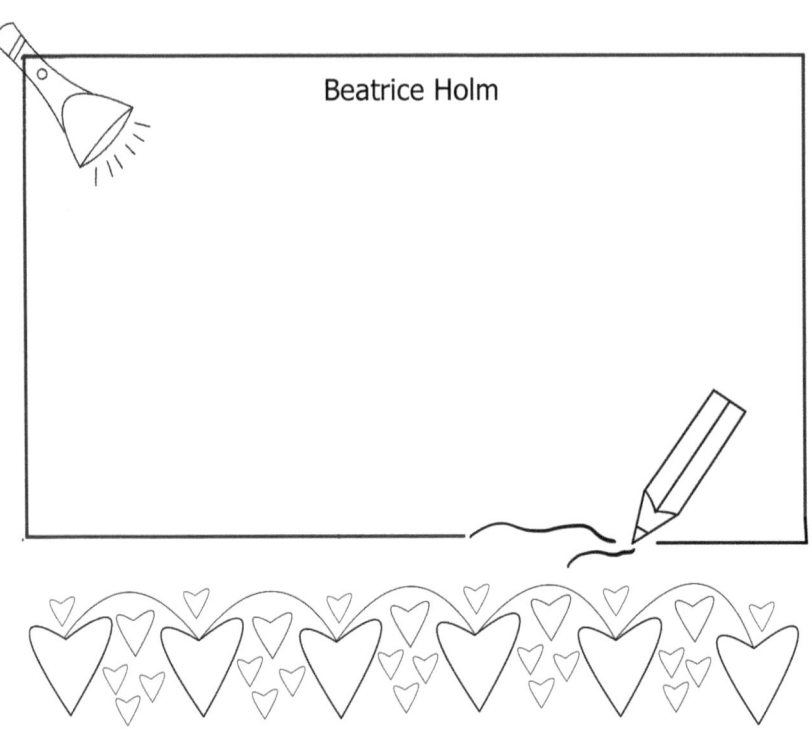

Beatrice Holm

Der Pfarrer schreibt seine Predigten und geht bald in Rente.

Werner Friske ist Handwerker, hat in der Bibliothek einen Nebenjob und verlegt neue Alarmkabel, er ist sehr hilfsbereit.

Die Professorin Beatrice Holm ist eine der besten Zoologinnen des Landes, schreibt gerade ein neues Buch, ist zerstreut.

26

Kapitel 5
Schokoriegel und Geheimtaschen

Drei Sachen sind im Lesesaal der Bibliothek streng verboten!

1.

2.

3.

Der Verzehr von Eis und Süßigkeiten!

Das Telefonieren mit dem Handy!

Das Fotografieren der Bücher!

Fülle die Lücken!

Aber Lasse und Maja entdecken, dass der Pfarrer ein

_____ bei sich hat, der Handwerker einen _____-

_____ und die Professorin einen _____-

_____.

Handy, Schokoriegel, Fotoapparat

28

Kapitel 6
Los gehts!

Der Pfarrer, der Handwerker und die Professorin verhalten sich merkwürdig!

Der Pfarrer

Der Handwerker

29

Die Professorin

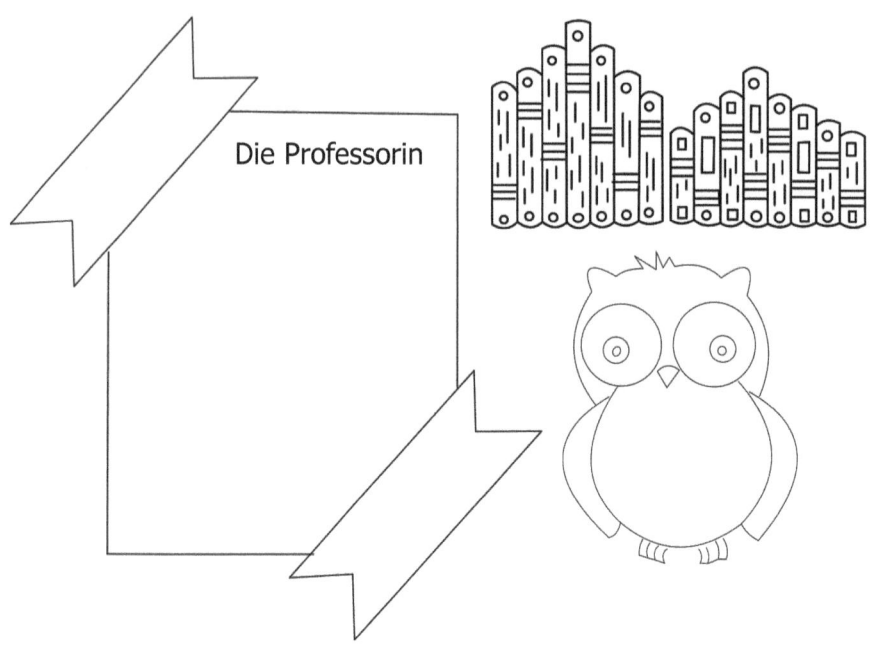

Der Pfarrer spielt mit seinem Handy.

Der Handwerker rascheln in seiner Werkzeugkiste.

Die Professorin fotografiert Bücher ab.

Die Bibliothekarin
öffnet die Tür,
schließt sie wieder
und öffnet sie
gleich wieder!

Das bedeutet:

Der Dieb hat
zugeschlagen!

30

Kapitel 7
Zwei heimliche Beobachter

Lasse beobachtet:

Eine Kneifzange, ein Hammer, ein paar Schraubenzieher, das Papier vom Schokoriegel, aber kein Buch!

In der Tasche des Handwerkers sind:

Maja beobachtet:

Kein Buch, nur eine kleine Kamera!

In der Tasche der Professorin sieht sie:

31

Kapitel 8
Jemand sucht sich selbst

Du weißt jetzt, was geklaut wurde!

Das Buch „Alle Wiesenblumen dieser Welt"!

Mit einem Trick wurde der Alarm ausgestellt!

Der Handgriff des Büchervwagens drückt gegen den Knopf, mit dem der Alarm ein- und ausgeschaltet wird.

32

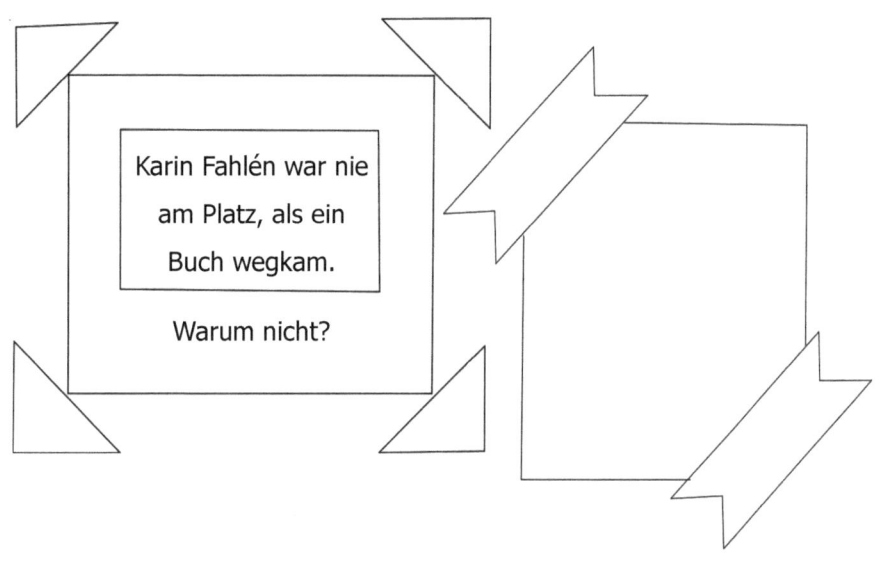

Karin Fahlén war nie am Platz, als ein Buch wegkam.

Warum nicht?

Weil immer ein Anruf für den Pfarrer kam.

Male ein Bild von deiner Lieblingsperson aus dem Hörbuch!

Kapitel 9
Guter Junge

Nun weißt du, weshalb der Mantel des Pfarrers nicht ordentlich zugeknöpft war!

Es lag an dem schweren Buch in seiner Geheimtasche!

Das war auf der Fahne zu lesen!

Gute Reise, Jesus!!

 Fülle die Lücken!

„Da du heute _____ fliegen wirst,

lieber Jesus, dachte ich mir, du würdest dich über etwas zu

_____ freuen. Darum habe ich ein _____

_____ besorgt. Sie handeln von den _____

und den _____ auf den Wiesen."

Der Pfarrer wirft ein Buch nach dem anderen aus dem

_____, der _____

fängt sie unten auf.

„Jetzt gehen wir auf dem kürzesten Weg mit den Büchern zu

_____."

in den Himmel, lesen, paar Bücher, Blumen, Vögeln, Turmfenster, Polizeiinspektor, Karin

35

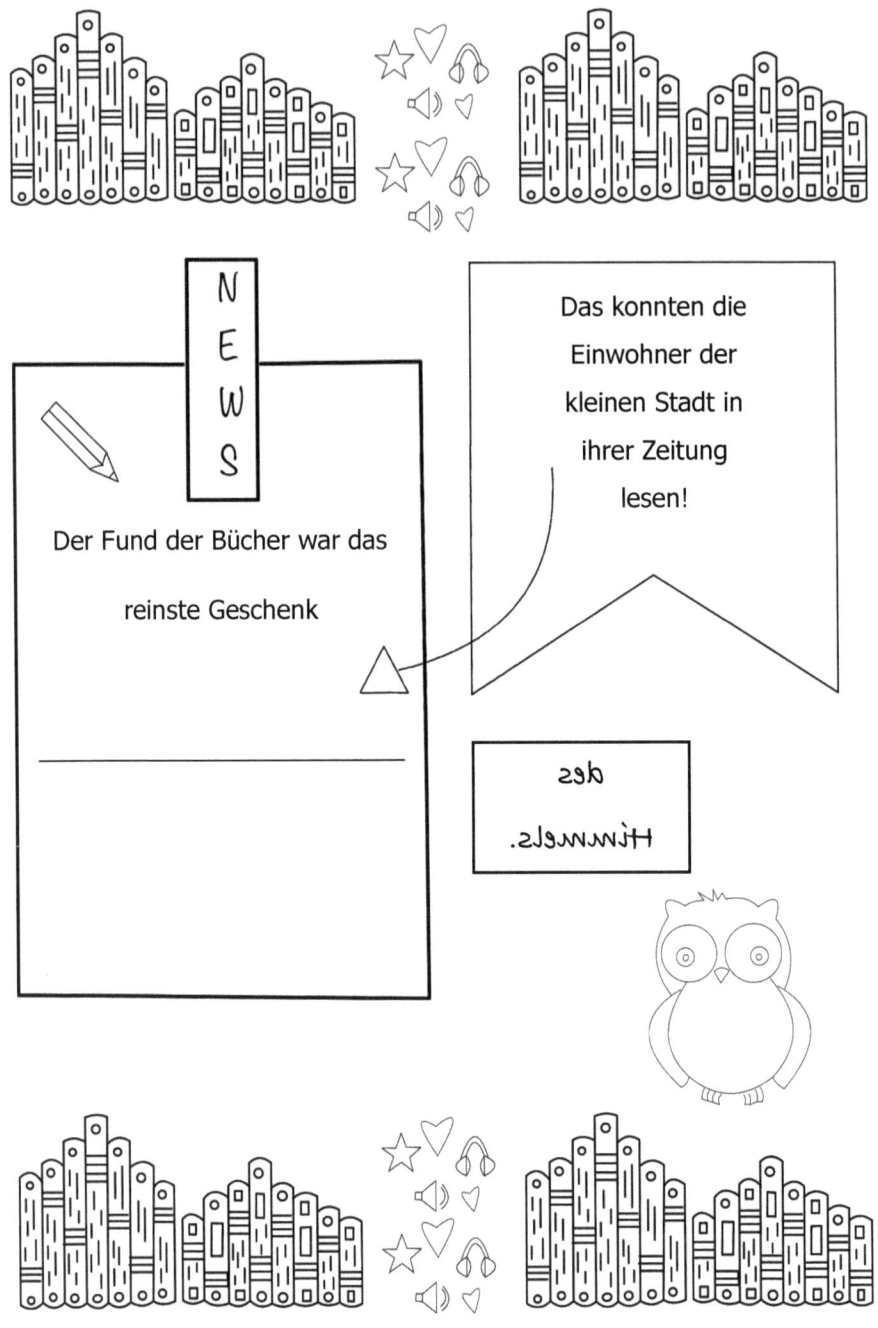

N
E
W
S

Der Fund der Bücher war das

reinste Geschenk

Das konnten die

Einwohner der

kleinen Stadt in

ihrer Zeitung

lesen!

des

Himmels.

Das Tiergeheimnis

Von Martin Widmark,
gelesen von Jens Wawrczeck,
erschienen 2011 bei Hörcompany,
Dauer ca. 45 Minuten

Male ein Bild zum Titel des Hörbuches!

Kapitel 1
Der Schlüsselliebhaber

Lasse liest auf dem Schild des neu eröffneten Standes:

Taleb van Dango

Absatz- und Schlüsseldienst

Auf dem Plakat an Talebs Tresen steht:

Freiheit für alle Tiere!

Heute 16 Uhr

Demonstration

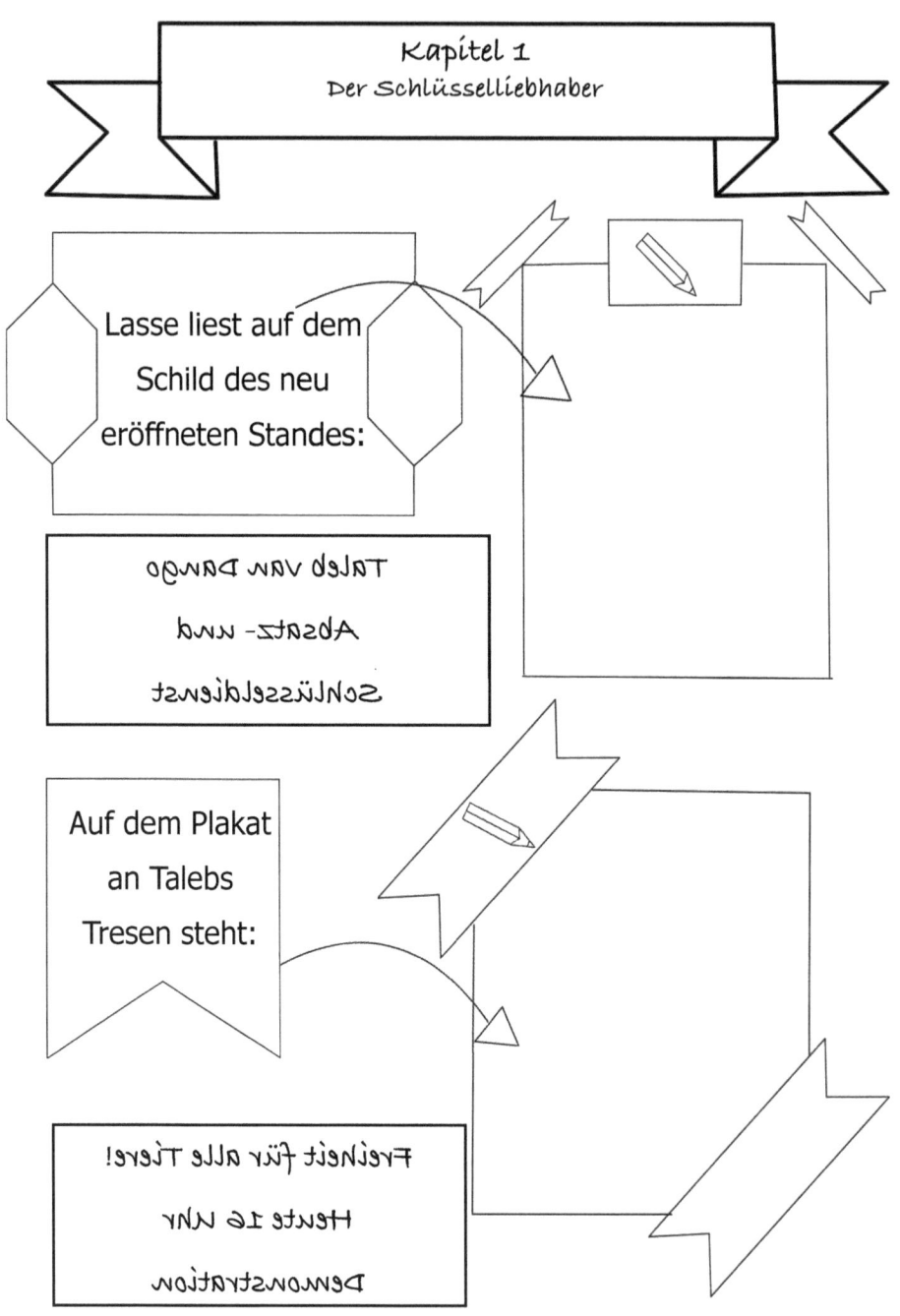

38

Taleb ist schon ein komischer Typ!

Fülle die Lücken!

Er liebt _____, hasst _____ _____ und sammelt _____.

Tiere, verschlossene Türen, Schlüsselabdrücke

39

Lasse, Maja und Miranda wollen in die Zoohandlung. Doch an der Tür finden sie einen großen Zettel.

Darauf steht:

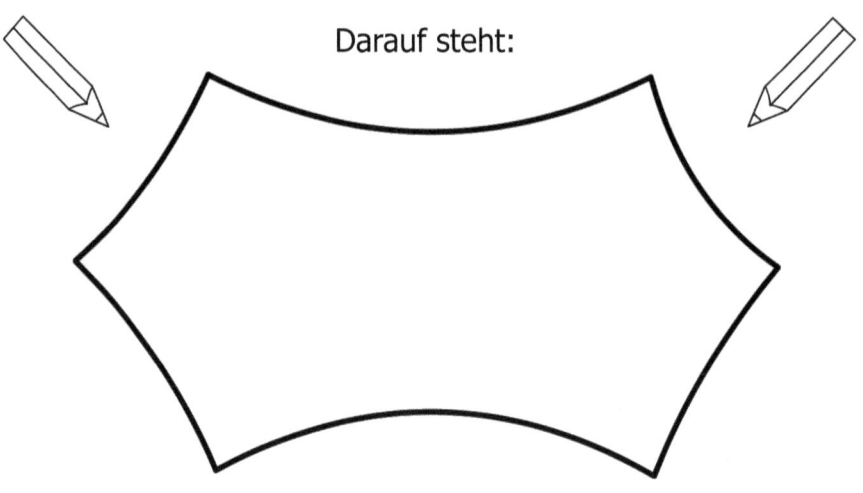

Heute geschlossen! Den Tieren geht es nicht gut.

Male dein Lieblingstier!

Kapitel 2
Sie werden von Tag zu Tag müder

Du weißt nun, was die Tiere zu fressen bekommen.

Beschrifte die Behälter!

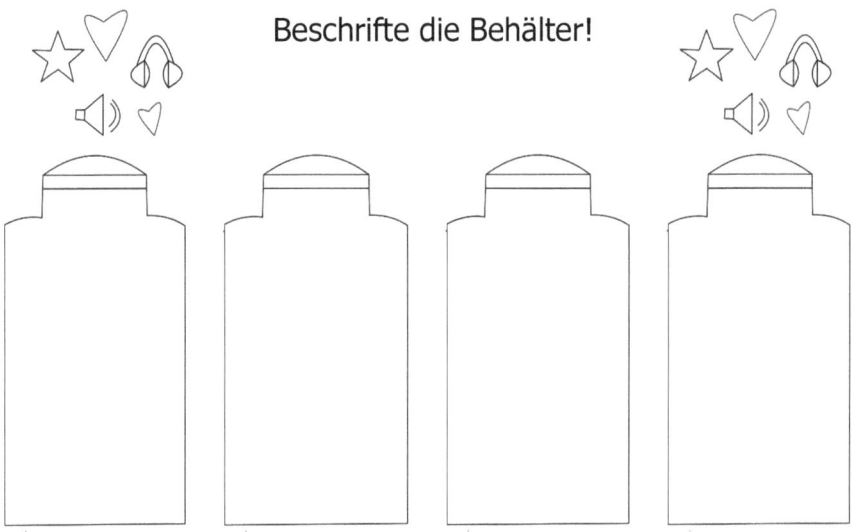

Fischfutter, Vogelfutter, Kaninchen- und Hamsterfutter, Vitamine

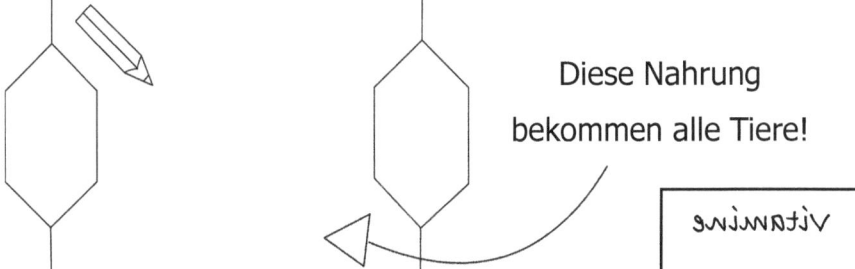

Diese Nahrung bekommen alle Tiere!

Vitamine

41

Kapitel 3
Lahm wie eine Schildkröte

Fülle die Lücken in Lasses Notizen!

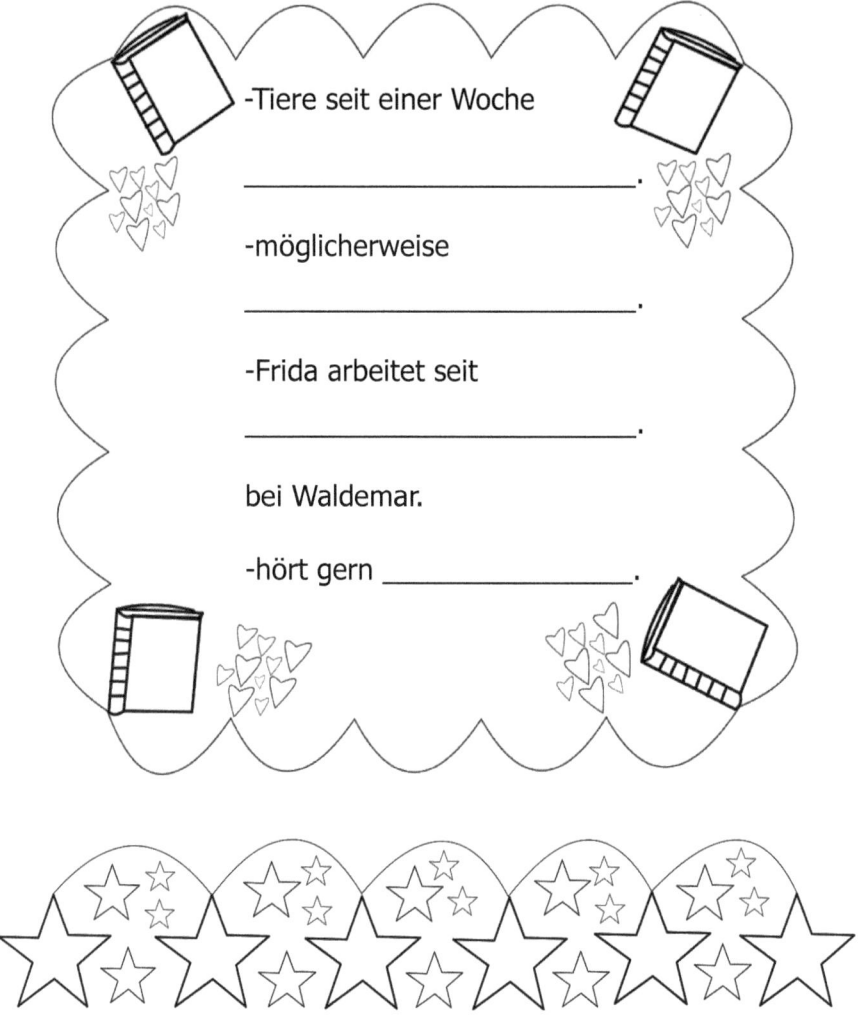

-Tiere seit einer Woche

_____.

-möglicherweise

_____.

-Frida arbeitet seit

_____.

bei Waldemar.

-hört gern _____.

42

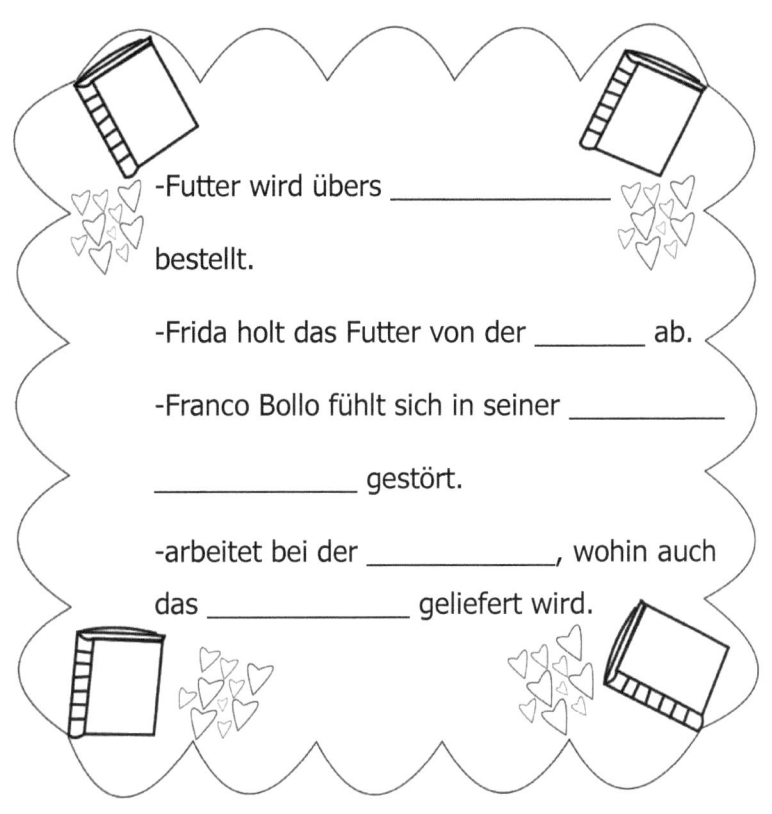

-Futter wird übers _____ bestellt.

-Frida holt das Futter von der _____ ab.

-Franco Bollo fühlt sich in seiner _____ _____ gestört.

-arbeitet bei der _____, wohin auch das _____ geliefert wird.

krank, vergiftet, einem Monat, Musik, Internet, Post, Nachtrung, Post, Tierfutter

43

Kapitel 4
Freiheit für alle Vögel und Pflanzen

Auf dem Um-schlag steht:

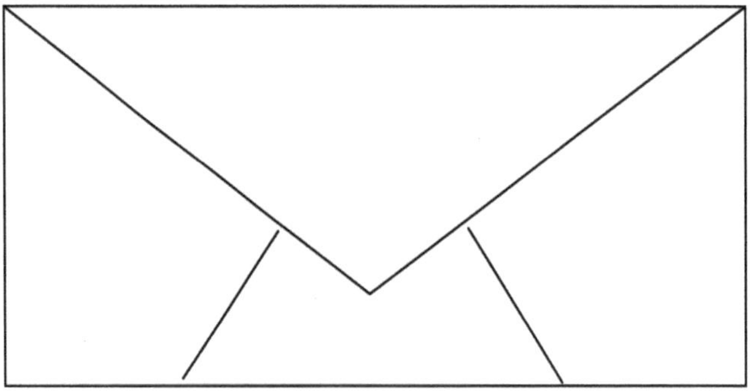

AN EINEN EGOISTEN

44

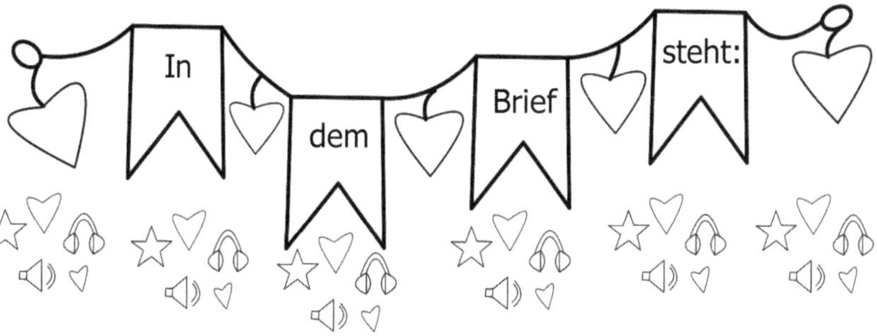

In dem Brief steht:

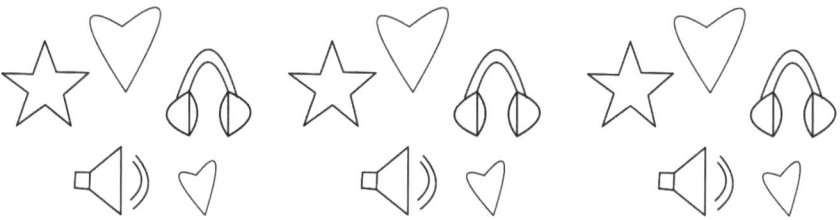

SCHLIESS DEINEN LADEN!
SONST GIBT'S ÄRGER!

45

Zeichne, was Maja an der Hintertür der Tierhandlung entdeckt!

Was steht auf dem Schild

von Taleb?   des Pastors?

Keine Käfige für Mensch und Tier!

Freiheit für alle Vögel und Pflanzen!

46

Kapitel 5
Europas geschicktester Einbrecher

Lasse erfährt, dass ein Fußabdruck von 30 cm die Schuhgröße _____ ist.

ヤƖ

Kapitel 6
Ordentliche Blockbuchstaben

Franco Bollo hat eine Postkarte aus Italien geschrieben.
Sie beginnt:

CIAO DINO!

Unterstreiche die Auffälligkeit!

Kapitel 7
Da kommt jemand

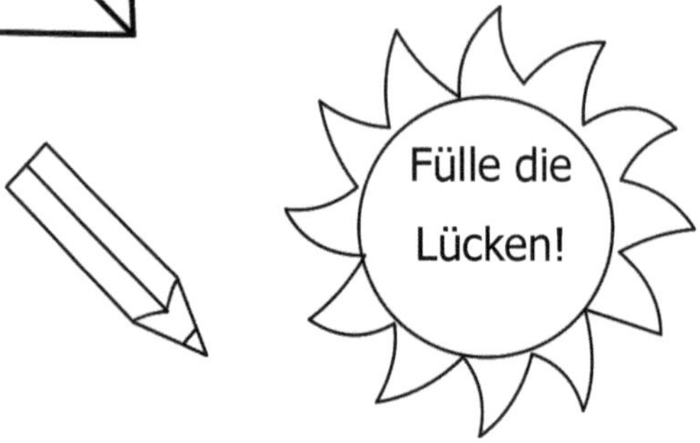

Fülle die Lücken!

Lasse, Maja und Miranda bewachen den _____

_____ der Tierhandlung, der

Polizeiinspektor den _____.

Hintereingang, Vordereingang

48

Lasse, Maja und Miranda dringen in die Tierhandlung ein.
Erkläre, wie ihnen das gelingt!

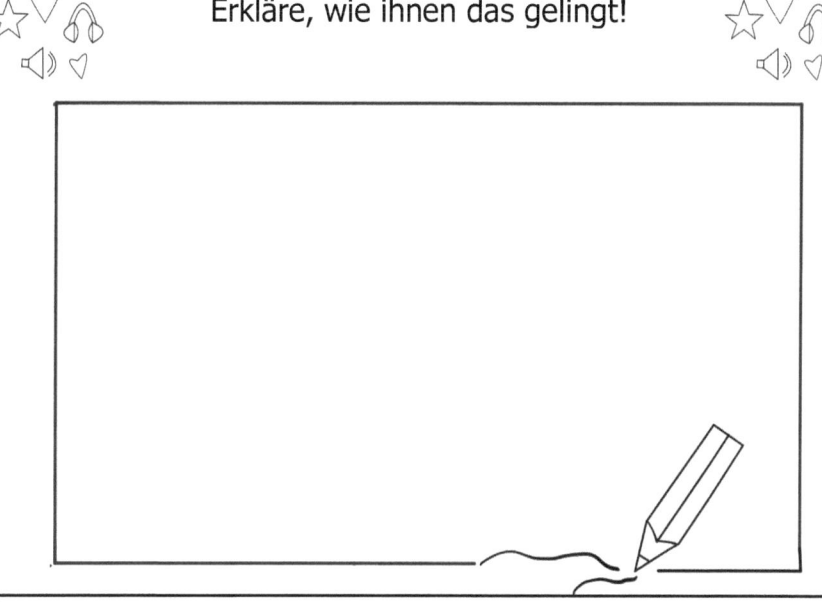

Auf Lasses Schultern steht Maja und auf deren
Schultern Miranda. Sylvester klettert an ihrem Arm
hoch zum Fenster, öffnet es und rennt hinein.

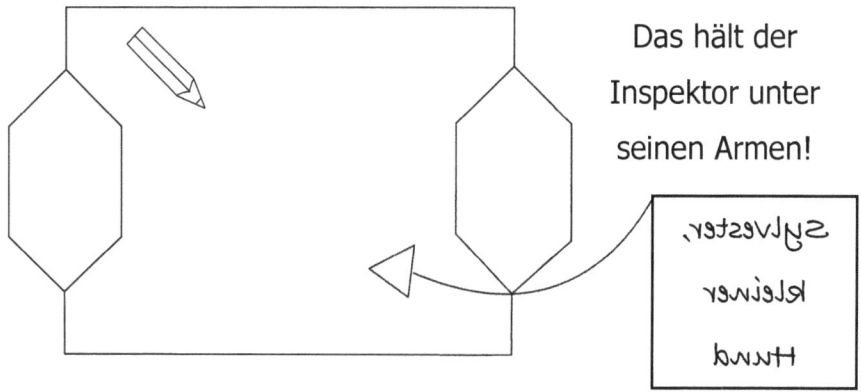

Das hält der
Inspektor unter
seinen Armen!

Sylvester,
kleiner
Hund

49

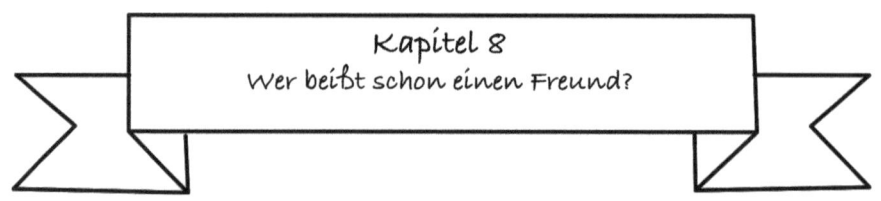

Kapitel 8
Wer beißt schon einen Freund?

Beschrifte die Stühle mit den Namen der Personen, die in der Tierhandlung sitzen!

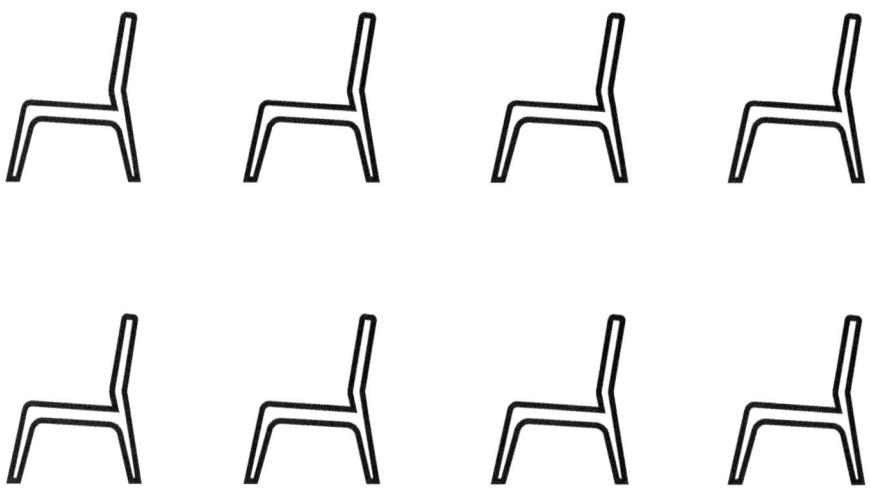

Lasse, Maja, Miranda, Waldemar, Frida, Taleb, Franco, Polizeiinspektor

50

Fülle die Lücken!

Es war aber noch jemand anwesend, nämlich der kleine

_____.

Er rennt brav zu _____.

Hund, Frida

Male ein Tier aus der Tierhandlung!

51

Nun ist es klar!

N
E
W
S

Aus dem Valleby-Blatt!

Geheimnis der schlafenden Tiere gelöst

_____ kann nun zu Hause bleiben, wenn sie nachts mit ihren Freunden chatten will.

Frida

52